CRÉDIT

AUX

COLONS

———•o✳o•———

LETTRES PUBLIÉES

PAR

BÉZY

DANS LE JOURNAL « L'ATLAS »

Prix : 10 Centimes

ORAN

IMPRIMERIE TYPOGRAPHIQUE & LITHOGRAPHIQUE COLLET

Rue de l'Hôpital, en face le Campement

1879

NOTE DE L'ÉDITEUR

Les idées démocratiques du citoyen Bézy, à propos du *Crédit aux Colons*, m'ont paru bonnes à propager ; c'est avec son autorisation que je les ai réunies en fascicule ; je crois faire œuvre utile en essayant de les répandre. Si le gouvernement les appliquait, l'usure, cette plaie de l'Algérie, disparaîtrait bientôt.

Les colons ont tout intérêt à obtenir la création d'une institution qui leur assurerait l'aisance.

Qu'ils étudient donc les idées si simples dont le Conseiller général d'Aïn-Temouchent demande l'application ; qu'ils les appuient, par des pétitions au Gouverneur général, et leurs légitimes revendications seront certainement entendues par l'honnête homme au dévoûment et à l'intelligence duquel sont confiées les destinées de l'Algérie.

AUTORISATION DE L'AUTEUR

On me demande l'autorisation de réunir en fascicule et de publier les lettres dans lesquelles j'ai étudié un mode démocratique de *Crédit aux Colons*.

Je m'empresse d'accorder toute latitude à cet égard.

Je suis heureux de rencontrer ce sentiment de solidarité dont j'ai toujours constaté la vitalité dans la population laborieuse.

Nous devons, en effet, tous travailler à la vulgarisation des idées qui nous paraissent de nature à répandre le bien-être dans les masses; et je ne suis pas étonné de voir un typographe proposer son utile collaboration à un écrivain; nos deux métiers sont pour ainsi dire le corollaire l'un de l'autre, et ils ne seraient rien l'un sans l'autre. Que deviendrait, en effet, aujourd'hui, la pensée humaine, sans le secours de l'imprimerie, qui lui donne des ailes ?

Je sais bien que ce que j'écris ne satisfera pas tout le monde, certains prêteurs surtout.

On criera à *l'utopie*.

Qu'importe, semons des idées. Nous récolterons toujours quelque chose.

Ce quelque chose se traduit souvent en mois de prison, en arrêts iniques vomis par des magistrats aveuglés par l'esprit de parti, en mesures douloureuses qui vous font un moment regretter le sang que vous avez versé au service du pays envahi; mais si l'idée jetée au vent de la publicité enfante le bien ou concourt à le produire, sachons ne point nous laisser abattre, et travaillons toujours, travaillons à l'abri des garanties nouvelles que nous apporte un Gouvernement honnête.

Le capital qui déborde en France et en Europe peut trouver ici un emploi qu'il recherche en vain de l'autre côté de la Méditerranée. L'État doit lui montrer la route de l'Algérie, fut-il nécessaire de lui donner des garanties nationales.

Pour la seule ville de Melbourne, les Anglais ont eu le courage adroit d'exposer QUATRE CENT MILLIONS; aujourd'hui, ils sont payés, *capital et intérêts,* et la prospérité de leur lointaine colonie est pour eux une source continuelle de nouvelles richesses.

Et la France hésiterait à imiter sa voisine, lorsqu'il s'agit de faire prospérer une colonie qui touche presque l'extrémité méridionale de son territoire.

Allons donc! cela est impossible.

Faisons entendre nos justes revendications, **et** nous serons écoutés.

BÉZY.

PREMIÈRE LETTRE

Mon cher Directeur,

Les républicains, qui croient venus pour l'Algérie les jours de progrès et de travail, doivent renoncer à des polémiques désormais infertiles, et se donner sans réserve à l'étude des grandes questions coloniales. Occupons-nous donc d'affaires sérieuses.

Un gouvernement démocratique adoptera forcément des mesures honnêtes et progressives destinées à assurer à la plus grande masse la somme la plus considérable possible de bien-être et de jouissances, si l'opinion publique sait lui montrer sa voie.

La liberté n'est le premier des biens que parce qu'elle permet au travailleur de conquérir tous les autres, et la Réqublique serait un vain mot, si nous devions nous borner à écrire sa devise au fronton de nos édifices, sans exiger l'application de ses grands principes de solidarité.

Nous devons sans doute apporter dans nos revendications de la modération et de la sagesse, ét bien nous convaincre de cette vérité : que les réformes ne durent que lorsqu'elles sont imposées par le raisonnement. Mais nous devons aussi être bien certains qu'on ne nous accordera ces réformes que lorsque nous les aurons longtemps réclamées. Ne cessons donc point de travailler à leur conquête par la plume et par la parole.

Le capital est un puissant levier de succès. Il est, à l'heure actuelle, entre les mains d'individus qui en abusent souvent pour exploiter d'une façon criminelle le travail du producteur.

Le capital, qui n'est que le résultat de ce travail qui s'appelle l'*épargne,* a certainement des droits respectables ; nous devons les reconnaître, mais les limiter. L'usure, la dévorante usure, a causé dans notre colonie de terribles souffrances et d'irréparables ruines individuelles ; un jour viendra peut-être où nous pourrons signaler au mépris public les spéculateurs ignobles qui ont pressuré les travailleurs, en profitant de ce que le taux de l'argent n'était pas limité en Algérie. Mais, d'ores et déjà, nous pouvons réagir contre ce monstrueux abus, qui a fait la fortune de quelques égoïstes personnalités, et demander à notre nouveau gouvernement le moyen, pour nos colons, d'échapper aux vampires, qui sucent le plus pur de leur sang et qui entravent le progrès général.

Celui qui prête au possesseur du sol et qui attend paresseusement que sa victime ait fait produire à la terre un revenu, dont lui, prêteur, absorbera une partie exagérée, commet un crime. Ce crime ne peut pas être atteint par des lois dans les pays vraiment libres, puisque l'argent n'est qu'une marchandise. Le métier d'usurier est donc nécessairement un métier de tolérance, comme celui de proxénète. D'un autre côté, il est encore moins dur pour les malheureux d'obtenir de l'argent à 15 ou 20 p. cent que de s'en voir complétement privés et de mourir de faim tout de suite. Il reste à l'emprunteur l'espérance. Mais plus tard, rongées par des intérêts usuraires, les victimes de ce chancre social voient le fruit de leur labeur englouti par le capitaliste qui les guette, et qui absorbe pour un vil prix le résultat de toute une vie de travail et de luttes infécondes. Pourquoi ceux qui n'étaient pas certains de pouvoir se libérer ont-ils emprunté, direz-vous ? Parce qu'il fallait vivre, je le répète, et que, pour vivre, il a fallu se plier aux monstreuses exigences de l'usurier ; parce que l'homme préfère mourir à petit feu, en espérant un irréalisable miracle, que de renoncer tout de suite à la vie pour lui et pour les siens.

Pour défricher la broussaille, pour mettre en culture, il faut des avances.

Ce défrichement, cette mise en culture profiteront sans doute à l'individu ; mais ils profiteront surtout à la société, dont ils augmenteront ce capital qui s'appelle *fortune publique.* C'est pour cela que nous prétendons que l'État doit faire lui-même des avances en argent aux particuliers. Ces avances faites peu à peu, et garanties par une hypothèque privilégiée, n'offriraient aucun risque. Leur taux ne devrait pas dépasser cinq pour cent.

Expliquons aujourd'hui l'organisation pratique de ce système pour les villages déjà créés ; nous développerons, dans une prochaine lettre, les modifications que nous croyons devoir y introduire pour les centres à coloniser.

Et d'abord, répétons-le encore, ces avances doivent être faites par l'État, parce que l'État profite de l'augmentation de la richesse publique qu'elles engendrent. L'augmentation de taxe, l'accroissement du commerce et de la consommation, produisent des résultats qui se traduisent en beaux deniers comp-

tants tombant dans les caisses nationales. Les com
pagnies de crédit n'ont pas de bénéfice de ce genre à
espérer ; elles auraient donc le droit de prélever un
taux plus considérable. Du reste, en livrant les colons à l'exploitation de grandes institutions finan-
cières, au lieu de les laisser aux griffes des prêteurs
actuels, on n'arriverait qu'à remplacer l'usure en
détail par l'usure en gros.

L'État peut se procurer des fonds à quatre et demi,
il peut aussi accorder un long terme à son débiteur,
parce qu'il a devant lui un avenir qui n'est pas borné
par les limites restreintes de la vie humaine.

L'État pouvant se procurer de l'argent à quatre et
demi, les prêts aux colons devraient être consentis
à cinq pour cent.

Voici comment les opérations auraient lieu :

*Il serait créé, dans chaque chef-lieu de canton, un
syndicat de dix membres choisis par le préfet.*

*Ce syndicat recevrait et examinerait les deman-
des des colons.*

*Tout colon possesseur de terres non hypothéquées,
aurait le droit d'emprunter annuellement la somme nécessaire, et jugée telle par le syndicat, au dé-*

frichement et à l'ensemencement du tiers de sa propriété.

Cet emprunt serait consenti au taux de cinq pour cent, et remboursable en vingt annuités ; dans le cas de manque complet de récolte, un délai serait accordé à l'emprunteur, et l'annuité ajournée serait répartie, ainsi que l'intérêt que ce retard comporterait, sur les annuités qui resteraient à courir.

Le colon pourrait se libérer par des versements anticipés, s'il le désirait.

Les sommes empruntées seraient versées par les soins du syndicat, au fur et à mesure du travail exécuté ; c'est-à-dire que lorsqu'un colon aurait obtenu la somme nécessaire au défrichement de six hectares, par exemple, le syndicat lui verserait tout d'abord le premier sixième de cette somme ; le second sixième ne serait délivré qu'après la constatation du défrichement d'un hectare, et ainsi de suite. Quand aux semences, l'État pourrait autoriser les syndicats à les délivrer en nature, à un prix déterminé par les Conseils élus.

Par le fait même de ses prêts, l'État deviendrait créancier hypothécaire des colons, l'hypothèque porterait sur la totalité de la concession, au profit de *laquelle l'emprunt aurait été consenti. L'inscription et plus tard la main-levée, seraient gratuites.*

L'État délivrerait aux syndicats les fonds au taux de quatre et demi. Le syndicat les délivrerait aux colons à cinq. La différence d'un demi pour cent entre les deux taux servirait à couvrir les frais de bureau du syndicat, et, au besoin, à payer des jetons de présence à ses membres. (1)

Des mesures anologues seraient prises pour les cultivateurs qui voudraient planter de la vigne.

Supposons qu'une somme de deux cent cinquante francs soit nécessaire au défrichement et à l'ensemencement d'un hectare. — Cette appréciation est exagérée, je le sais, mais elle fera mieux ressortir la vérité.

Le colon qui aura contracté un emprunt au syndicat aura à rembourser annuellement, pendant vingt ans, une somme de 20 fr. 06 c. par hectare.

Si sa concession est de 30 hectares, il pourra la mettre en valeur en trois années, et il n'aura à payer à l'État qu'une annuité de 600 francs.

Pour un hectare de vigne, la somme de cinq cents

---

(1) En élevant un peu le taux du prêt aux colons, on pourrait peut-être arriver à constituer des syndicats RESPONSABLES. C'est une question à étudier.

francs, avec laquelle un colon peut arriver à la mise en rapport, serait amortie par une annuité d'une quarantaine de francs environ. On pourrait même stipuler, dans ce cas particulier, que la première annuité ne serait payable que lorsque la vigne aurait atteint l'âge de quatre ans ; l'augmentation que comporterait ce délai accroîtrait l'annuité à payer de quelques francs.

On ferait ainsi la richesse de nos courageux colons, et la nation toute entière en profiterait.

Dans une prochaine lettre, je m'occuperai de la combinaison financière à appliquer aux centres à créer et du reboisement.

Salut fraternel.

BÉZY.

DEUXIÈME LETTRE

Mon cher Directeur,

Occupons-nous aujourd'hui, si vous le voulez bien, de l'installation des nouveaux villages.

L'administration dont nous sommes enfin libérés — ça n'a pas été sans peine — a eu le talent de combiner si mal toutes ses créations, que l'on pourrait prendre, comme règle générale de conduite, le contre-pied du système absurde qu'elle avait adopté.

Du reste, comme je l'ai toujours écrit, je ne crois pas que la bande à Chanzy ait jamais eu l'intention sérieuse de coloniser. Elle opérait mal, de propos délibéré, et avec le secret désir de démontrer, par des échecs calculés, l'impossibilité de faire prospérer notre pays autrement que par le régime exécré du sabre.

Comme emplacements de villages, je crois qu'il ne faut choisir que des groupes compactes de 3 à 4 mille hectares au moins, de façon à former des centres de 100 feux au minimum, tout en laissant au *communal* une étendue suffisante.

Avant toute chose, l'emplacement du village futur devrait être desservi par une bonne route. Dans d'autres colonies que l'Algérie, on n'oserait pas écrire une pareille chose, tellement elle paraît évidente ; mais ici la précaution n'est pas inutile. Je visitais il y a quelques jours, le village d'Arlal, qui est fondé depuis TROIS ANNÉES. Il est perdu dans les terres à 14 kilomètres de Temouchent. La route qui doit le desservir n'est pas encore terminée. Aussi les colons qui l'habitent ont-ils payé leurs matériaux un prix double de leur valeur réelle, parce que les transports n'ont pu être faits dans les conditions normales. Il est vrai que l'Administration, qui n'a pas su trouver de l'argent pour un chemin, a pu dépenser une soixantaine de mille francs pour une église, qui, du reste, est encore fermée faute d'un curé, ce dont, par parenthèse, je ne me plains pas. Que de villages sont dans le même cas !

L'établissement de la route et celui des fontaines doivent, sans exception, précéder l'arrivée du premier colon. Cette règle est absolue.

Je me dispenserais également de ces constructions gigantesques d'églises luxueuses, qui ne servent absolument à rien, et je me contenterais d'une bonne école, dans laquelle les ministres des différents cultes pourraient, tour à tour, venir célébrer leurs mystères, lorsqu'un saint zèle les pousserait à la conquête de l'âme des colons.

Avant d'appeler les immigrants français dans le nouveau centre, je ferais défricher par l'armée un lot de 10 hectares par concession, je ferais planter un hectare de vigne et je ferais construire une petite maison.

L'administration, avec les moyens dont elle dispose, peut défricher un hectare et planter de la vigne à bon marché; j'établis ainsi le compte qui grèverait la concession :

Défrichement de 10 hectares à fr. 80.	800
Défrichement et plantation d'un hectare de vigne.	250
Construction d'une maisonnette . . .	1.250
Total	2.300

Lorsque la création du centre en serait à ce point, j'y installerais un tiers de colons anciens dans le pays, je les autoriserais à semer les lots inoccupés des futurs concessionnaires, à la seule condition de laisser la paille de la récolte en meule bien établie sur un des boulevards du village. Cette paille servirait, à l'arrivée des immigrants, à nourrir leurs bestiaux.

Quant aux immigrants, je ne les ferais arriver dans le pays qu'un an après l'installation des Algériens, vers la saison des labours.

A l'arrivée du colon, je lui livrerais :

Une paire de bœufs	400 fr.
Une charrette et une charrue	300
Total.	700 fr.

Il est bien entendu que je traiterais les colons algériens installés dans le nouveau centre comme les nouveaux arrivants.

Chaque concession serait donc grevée au bénéfice de l'État d'une hypothèque de trois mille francs.

L'État en récupérerait le montant par annuités, l'amortissement en étant calculé sur un taux de 5 %.

Mais la première annuité ne serait exigible que deux ans après l'installation du concessionnaire.

Dès son arrivée dans le pays, le concessionnaire pourrait s'adresser au syndicat cantonal dans les conditions déterminées dans ma première lettre.

Ceci admis, faisons le compte d'un colon.

Il devrait à la fin de la 2e année:

Avance pour défrichement, vigne, maison-
nette. . . . . 2.300 fr.

Bœufs et matériel   700

Intérêts à 5 % de ces deux sommes . . .   300

Emprunt au syndicat pou défricher 19 hec-
tares. 4.750

(En admettant qu'il termine le défrichement complet de la concession en 2 années,
défrichement auquel il aura travaillé lui
même, en gagnant des journées qui lui
auront permis de vivre.)

Total. . .   8.050 fr.

Mettons 8,000 fr. en chiffres ronds, et le nouveau colon se libèrera à raison d'une annuité de 640 fr.

Je renvoie à une troisième lettre une étude sur le reboisement qui doit marcher de pair avec l'installation des colons, et le régime à suivre à l'égard des indigènes dont on aurait occupé les terres.

Salut et fraternité.

BÉZY.

P. S. — Un ami auquel je communique cette lettre me fait une exellente observation qui mérite toute l'attention de notre nouveau Gouverneur général.

Les grands travaux de chemins de fer, qui vont certainement commencer dans un bref délai, attireront ici une armée de travailleurs. Si, à cette époque, l'Administration avait conçu et publié un plan général de colonisation, n'y aurait-il pas une mesure féconde à prendre? Ne pourrait-on pas, d'accord avec les concessionnaires, embaucher quelques centaines de terrassiers choisis en France, parmi les cultivateurs ruinés par le phylloxera? Ces terrassiers transportés gratuitement en Algérie, certains d'y trouver pendant un temps déterminé un travail assuré, pourraient ainsi visiter notre pays, et se rendre compte par eux-mêmes de la valeur des cultures en général et de celle de la vigne en particulier. Si les idées que je défends étaient adoptées, beaucoup d'entr'eux n'iraient-ils pas en France chercher leurs familles et leurs amis, pour venir retrouver ici le bien-être qu'avec de sages mesures il est si facile de leur rendre?

RÉPONSE A UNE OBJECTION

J'ai entendu soulever contre mon système d'avances aux colons, une objection qui a un faux air de vérité et que je réfuterai pour ce seul motif.

Que deviendra la garantie, le jour où les colons vendront bœufs et matériel, et disparaîtront?

D'abord, une famille entière ne disparait pas comme un jésuite devant lequel on lit VOLTAIRE. Ensuite, les cultivateurs qui viendront s'établir dans ce pays n'entreprendront pas un long et pénible voyage dans le but d'escroquer quelques louis d'or à l'État; il y a chez nos paysans français plus de jugement et plus d'honnêteté que ne semblent le soupçonner certaines personnes.

Mais comme en affaires il faut des précautions, on prendra des précautions.

Je vois, pour ma part, deux moyens de parer au danger signalé :

Le premier consistera dans un choix sévère de colons sérieux, de colons *colonisants,* si je puis m'exprimer ainsi, qui remplaceront très-avantageusement certains protégés plus ou moins frisés de l'ordre moral ; et, à côté d'eux, l'autorité devra placer des administrateurs à la fois honnêtes et intelligents, dont le besoin se fait vivement sentir.

Le second consistera dans la promulgation d'une loi qui permettra d'assimiler aux *escrocs* les colons débiteurs de l'État, qui aliéneraient ou essayeraient d'aliener les biens meubles formant la garantie des prêts à eux consentis, ainsi que ceux qui seraient devenus leurs complices, soit comme intermédiaires, soit comme acheteurs.

Après cela, il y aurait bien peut-être quelques abus ; mais si on ne voulait fonder que des institutions parfaites, on ne pourrait rien créer.

Quant à la quantité *d'argent* dont l'application de mes idées nécessiterait la dépense, il n'y a pas à s'en préoccuper. Une nation qui peut payer *Dix milliards* pour une guerre, trouverait facilement quélques centaines de millions pour coloniser.

Pour que la colonisation se développât dans des conditions de succès probable, je crois qu'il faudrait aussi renoncer à travailler de pièces et de morceaux, comme on l'a fait jusqu'ici.

Si j'osais me permettre de donner un conseil à M. Albert Grévy, je lui dirais :

« Monsieur le Gouverneur,

» Avant d'aller plus loin, arrêtez le désordre au » milieu duquel on s'est inutilement agité jusqu'ici. » Concevez un plan général de colonisation pour » toute l'Algérie, et une fois ce plan conçu, exécutez-le » peu à peu et régulièrement.

» Que chaque conseil municipal, chaque adminis- » trateur cantonal, chaque chef de bureau arabe, » propose, après mûr examen, un plan de colonisa- » tion pour la fraction de pays soumise à son admi- » nistration. Chaque préfet, assisté de son conseil » général, arrêtera ensuite sur ces données, un plan

» général pour chacune des provinces, plan qui sera
» soumis à votre approbation.

» Vous saurez ainsi, à peu de chose près, ce qu'il
» est possible de faire; vous déciderez quelles frac-
» tions vous devez laisser aux indigènes, et quelles
» portions vous voulez livrer à la colonie. Vous
» pourrez manœuvrer sur un terrain reconnu.

» Vous répartirez l'exécution du plan que vous
» aurez approuvé entre huit, dix, douze années,
» suivant les ressources dont vous pourrez dispo-
» ser, et vous saurez où vous allez, chose que vos
» prédécesseurs ont toujours ignorée. »

Plus que jamais, un plan général est nécessaire.
Les départements vont pouvoir puiser dans les
caisses nationales les millions nécessaires à l'établissement du réseau des chemins vicinaux. Le choix
de l'emplacement des villages et celui du tracé des
chemins doivent se faire en même temps, si l'on veut
que les routes servent utilement, ce qui n'a pas eu
lieu jusqu'ici, chaque service ayant travaillé avec une
incurie qui a enfanté le désordre qui existe aujour-
d'hui.

TROISIÈME LETTRE

Reboisement. — Compensation aux Indigènes

Mon cher Directeur,

La nécessité de reboiser l'Algérie ne fait un doute pour personne.

Ce reboisement, pour s'opérer économiquement, doit être l'œuvre des colons, de l'armée et des indigènes.

Les colons devraient être tenus de planter, chaque année, un certain nombre d'arbres. Avant de rédiger le décret qui leur imposera cette obligation, le Gouverneur doit mettre cette importante question à l'étude dans les bureaux de son administration et s'éclairer de l'opinion de tous les corps élus.

Je saisis avec empressement cette occasion de publier l'ingénieux moyen imaginé par un colon et employé par lui avec succès à la plantation en semis des pins et des eucalyptus.

Ce laboureur prenait des roseaux qu'il coupait en tronçons de trois à quatre centimètres; il remplissait ces petits tubes de terreau et introduisait dans chacun d'eux une ou deux graines de pin ou d'eucalyptus. Il plaçait ces rustiques godets dans le coin d'un hangar, et il jetait de temps à autre un seau d'eau sur le tas. Le matin, avant d'aller aux champs, il plaçait dans un couffin les roseaux dans lesquels le germe commençait à pointer, et, muni d'un bâton pointu, il faisait ses plantations en se rendant au travail. Un simple trou, pratiqué avec son épieu improvisé, lui permettait d'enterrer son bout de roseau: il abritait les germes en les couvrant d'un morceau de jujubier sauvage, et il laissait faire la nature.

Je me réserve de recommander ce mode ingénieux de plantation à l'époque où les conseils élus seront consultés.

A côté des colons, l'armée et les indigènes devront certainement concourir à ce travail réparateur. Son urgence s'est fait sentir plus vivement que jamais au cours de cette année, qui aura sa place dans les souvenirs des colons, dont les récoltes ont été si éprouvées par la continuité d'un vent persistant.

Que l'on songe aux résultats qu'il serait permis de constater aujourd'hui, si, depuis 20 ans, chaque colon, chaque soldat, chaque indigène, eut seulement planté ou semé 20 arbres par année.

Ces opérations doivent se pratiquer en mars.

De ce jour au mois de mars 1880, M. Albert Grévy aura certainement étudié cette question et promulgué un règlement auquel nous nous empresserons tous d'obéir. On a assez cueilli de lauriers dans les campagnes algériennes ; c'est peut-être pour cela que nous y sommes brûlés par les rayons de feu de cet astre, que j'appellerai le *soleil d'Austerlitz,* pour plaire à quelques vieilles ganaches ; il est temps de changer de système et de nous permettre de nous abriter sous la verdure d'arbres plus sérieux, que je qualifierai d'oliviers de la paix, pour ne pas sortir du style prud'hommesque.

Je commettrais une faute grave, si je ne me préoccupais pas de l'élément indigène, dont la colonisation peut modifier ou déplacer les intérèts.

Je crois que la race arabe, malgré tous ses vices, mérite des égards et peut rendre de grands services : mais l'indigène ne peut être utilisé qu'à des conditions spéciales. Ses aptitudes, son génie de race sont choses à part; il faut renoncer à le changer, il faut l'accepter tel quel, et en tirer le plus grand parti possible, dans l'intérêt de tous.

C'est là, que la nouve'_e administration aura le devoir d'étudier le plus sérieusement un *modus vivendi* à trouver.

Dans une question aussi grave, aussi générale, j'éprouve quelque hésitation à émettre un avis isolé et que ma faible expérience n'a certainement pas assez mûri.

Cependant, je me permettrai de lancer une opinion sur laquelle j'appellerai la discussion de tous ceux qui veulent traiter la question coloniale.

Je regarde l'expropriation individuelle comme une mesure dangereuse. Je vois en général l'indigène imprévoyant qui a reçu en argent le prix de sa terre, devenir un dissipateur pendant quelques mois, puis le dissipateur ruiné se changer en voleur de grands chemins.

Jé préfèrerais voir l'État procéder par grandes expropriations, en s'entendant avec les tribus qu'il déplacerait vers le sud, et auxquelles il fournirait des pâturages et des troupeaux, qui permettraient aux indigènes de se livrer à cette vie pastorale pour laquelle ils sont nés, et dont nous ne les corrigerons pas.

Que l'on n'aille pas m'objecter la crainte que pourrait inspirer la concentration de la race indigène aux extrémités de notre colonie. Je suis de ceux qui croient qu'il n'y aura jamais d'insurrection sérieuse lorsque l'autorité militaire n'en voudra pas, et j'ai la plus absolue confiance dans le patriotisme et l'intelligence du général Saussier.

A ce propos, je n'hésiterai pas à lui demander un changement qui s'impose dans l'organisation de notre armée en Algérie.

Lorsque l'on veut garder un pays, on ne s'établit pas du côté qui se trouve à l'opposé de celui par lequel le danger peut venir.

L'armée qui doit garder l'Algérie ne doit pas évidemment rester au bord de la Méditerranée; l'arrivée d'une flotte arabe est peu imminente.

C'est du côté du sud, sur les rives du Sahara, si je puis m'exprimer ainsi, que la défense doit s'établir.

Je suis convaincu que les chefs-lieux des divisions et des subdivisions doivent être transplantés vers le sud, et que cette modification ne se fera pas attendre.

L'armée elle-même sera heureuse de ce changement, qui lui permettra d'être plus utile à tous.

Cette situation offrira peut-être moins d'agrément à nos officiers ; mais leur patriotisme est au-dessus d'une aussi légère épreuve qui deviendrait un bienfait pour eux, si l'année passée en Algérie leur était, comme par le passé, décomptée pour deux campagnes au lieu d'une. Le ministre n'hésiterait certainement pas à prendre cette mesure, que justifieraient les services que rendrait notre armée, à laquelle pèse, j'en suis convaincu, la vie paresseuse de garnison qu'on lui impose malgré elle.

Agréez mes fraternelles salutations.

BÉZY.

FIN

TABLE DES MATIÈRES